JN440145

놀이의 방식

김유석 시집

시인동네 시인선 005

김유석 시집

놀이의 방식

시인동네

시인의 말

부조리는
그것을 극복하는 과정에서 필연적으로
또 다른 부조리를 낳는다.
그런 삶에 관한
나는 서투른 시니시스트일 것이다.

2013년 가을
김유석

놀이의 방식

차례

제1부

제2부

제3부

제4부

제1부

북어

나를 연민하는 자
독하게 두들겨 패라

달팽이

내 몸엔 나선의 미로가 들어 있다. 몸속에서 헤매다

몸 밖의 또 다른 미궁으로 겨우 기어 나와 두리번거리는 걸 길이라 한다.

곡선을 풀어 곧은 행적을 남겨야 하는 나는 고행의 족속, 동시에

끈끈한 흔적을 태엽처럼 몸에 되감으며 조금씩 나아가는

나의 길은 뫼비우스의 띠, 가다보면 안과 밖이 바뀌는 걸음도 어지러워

점점 느리게 기는 쪽으로 진화해가는 중이다.

패러독사〔para毒蛇〕

레일처럼 깔고 나아간다, 그것들은
그림자를
문양처럼 몸에 두르고 다닌다.

몸통이 기다란 것들,
무언가 생략된 듯한 형체의 것들은
꼬리를 밟으면 쭈욱 벗겨질 것 같은
징그러운 비밀을 가지고 있다.

스르르 소리를 내는 것도 그림자다.
재빠르게 풀섶이 스치는 순간
당신은 이미 치명적

그림자로부터 독이 나온다, 경계하라

소리와 수족과 따뜻한 체온을 버리고
경계 모호한 몸통과 꼬리만으로 진화해온 족속들의
슬그머니 당신에게 밟히는 그것

동사서독(東邪西毒)

유혈목이가 삼키던 두꺼비를 꾸역꾸역 게워내고 있다.
독으로도 삼키지 못하는 독

삼킬 때보다 더 크게 아가리를 벌리고
몸에 두른 곡선을 ㄱ자로 마디마디 꺾어가며
두꺼비의 윤곽을 조금씩 목구멍 쪽으로 밀어 올린다.

독으로 삼킨 독

잘못 삼킨 먹이를 토해내는 듯하지만, 실은
두꺼비는 독이 있다, 는 것을 알고 삼킨 것

독으로 맞서는 독

자기방어의 수단으로 달아남을 먼저 몸에 익힌 두꺼비가
기꺼이 잡아먹힘을 선택한 까닭을 배우게 된 유혈목이는
두꺼비 몸에 주입시킨 자신의 독까지 뱉어내고는
마른 꽃대처럼 빳빳해져버린다.

또 다른 독으로 스스로를 소진시키는 독

우화

하나

염소는 심심한 족속,
수염을 기르고 있다.

풀을 뜯던 염소가 이따금 공중을 올려다보는 건
구름을 씹는 일
구름을 씹으며 눈을 감는 건
눈을 감고 실없이 웃는 건

수염을 다듬는 일, 구름을 달고 있는
저 근엄한 턱에서
검은 똥이 나온다.
수염은 독선의 정체, 적당히 자라는 그것이
스스로를 길들인다. 그러므로

혼자 있는 염소는 묶지 않아도 된다.
수염 때문에 달아나지 못한다.

둘

두 마리 염소를 매는 가장 좋은 방법은
염소끼리 묶어두는 것

같은 먹이를 생각하며 다른 쪽을 향하는
그 힘이
팽팽한 균형을 이룬다. 그리하여

두 마리의 염소가 뜯은 풀밭은 둥그렇다.
말뚝은 그 중심에서 나온 것

셋

한 마리 때문에 줄이 꼬인다.

한 마리 때문에 패서리가 생기고

소외가 있고
중우(衆愚)가 있다.

그때부터 염소의 뿔이 돋고
들이받는 버릇이 생겼다.

세 마리의 염소 중 선택권을 가진 건
그중 가장 연약한 놈이다.

안구건조증

1.
눈물 한 병을 샀다.

물려받은 유산 중 평생 쓰고도 남을 그것
살아오는 동안 따뜻이 나를 적셔온 그것
고통에 울분에 격정에 일찍이 탕진해버린

필요할 때마다 한두 방울씩 넣으라는
그것, 필요할 때를 위해 안주머니에 넣고 다니는
유효기간이 적힌 그것

그것 없이는 볼 수 없는 멜로드라마가 사라졌는지
하고많은 신파에 그것이 동나버렸는지
우연한 모서리에 정강이가 찍힐 때에도
그것 대신 욕지거리부터 내뱉어지는
뿔처럼 머리만 달린 삶

누군가의 안이 내책 없이 들이다보일 때

물컹한 내 그림자에 내가 넘칠 때
걸고 들먹일 어깨가 없어
내외하듯 뚫을 수 있는 멍한 허공이 내게는 없어
눈물 한 병 사들고 오는 길

조화(造花)처럼 망초들이 웃고 있다.

2.
보지 않아도 될 것들을 너무 많이 본 탓이다.

풍경들이 갑자기
보푸라기처럼 뜯기는 것은
눈썹 밑에 펼쳐지는 것들에 이골 난 까닭,

먼 곳을 보라 한다.
자주 깜박거려도 꺼풀이 걷히지 않을 땐
그저 눈물이 약이라 한다, 그런데

선명함을 전제로 만들어졌다는
이 눈물은 가짜다.
겹쳐 보이는 것들
까끌거리고 뻑뻑한 것들을 씻어냈더니
눈앞이 깜깜하다. 아무것도 보이질 않는다.

눈을 비비는 부작용이 생겼다.

놀이의 방식

거미는 번지점프의 원조, 집을 짓기 위한 그 위태로운 곡예에서 놀이가 나왔다. 떨어지다 멈춰지는 지점, 아뜩함이 전율로 바뀌는 통점에 거미는 거꾸로 붙어산다.

암사마귀는 교미 도중 수컷을 잡아먹는다. 머리부터 먹는다. 머리가 없어진 수컷은 더욱 격렬하게 교미를 하며 죽어간다. 잔학성과 쾌락은 동일한 감각*, 머리는 상관없다.

무리를 짓는다는 것은 어리석음의 증거이다. 개미의 생각은 앞선 개미로부터 나오고 앞선 개미의 생각은 또 그 앞에 선 개미로부터 나온다. 칠월 한낮 장례 행렬처럼 늘어서 먹이를 나르는 저들로부터 우상이 나왔고 우상으로부터 계급이 생겼고, 그때부터 개미는 졸라매기에 충분한 허리로 진화하기 시작했다.

보이는 것을 모두 헛것처럼 보이게 하고 그 헛것들 가운데 또 다른 헛것을 보여주는 환상마술을 본 적 있으신가. 카멜레온의 두 눈은 원형(圓形)으로 따로 도는데 두 눈알이 교차할 때마다 색깔이 변한다. 트릭은 몽롱한 실재

본능과 사유의 경계에 사는 해파리는 입과 항문의 구분이 없다. 입으로 먹고 항문으로 생각한다. 생각은 배설이다 항문에서, 아, 아니 입에서 나온다.

*보들레르.

공갈빵

비어 있음이 맛을 내는, 그것은

먹는 방법이 중요하다
우선 그 가벼움에 대하여 생각해야 한다.
무턱대고 덥석 물었다가는
보이지 않는 속에 혀를 물릴 수도 있으므로

부풀어 오름에 대하여,
뜨거움이 에코(echo)처럼 밀어내는 둘레
뜨거워진 채로 굳어버린 중심에 대하여
바삭거리며 베어 물리는
혀가 닿지 않는 공간을 생각하여야 한다.

독사 앞에서 몸집을 부풀리는 두꺼비처럼
어깨에 잔뜩 바람을 불어넣고 살아가는
얇은 내 가죽 속

씹히지도 않고 넘어가는

무엇엔가 미리 파 먹힌 듯한 속

빵빵할수록 바삭한 그것이 맛을 낸다.

깡통

툭, 차버리고 싶은 감정과 툭, 차이는 감정 중 소리를 내는 것은 어느 쪽일까

채워지기 전과 채웠다 비워낸 공간 가운데 어느 편이 더 시끄러울까

통과 깡통의 차이, 깡통을 차다와 깡통 차다 사이

만들어질 때 미리 담긴 소음인지 비워진 후의 울림인지 깡 찬 소리가 난다

몇 배 새끼를 빼낸 뒤 뱃가죽 축 늘어진 늙은 돼지를 이르기도 하는 속된 말, 깡통이 뭐길래

깡통을 보면 차고 싶어지나

그 속에서 뭐가 튀어나와 참새들을 화들짝 놀라게 하나

깡통을 깡통으로만 아는 순 깡통들, 납작하게 눌러 밟아버리면 차라리 나을 건데

툭, 툭, 누군가 자꾸 나를 걷어차기만 한다

감자

나는 감자라 불리는 감자다.
나는 쥐뿔이자 감자 먹이는 주먹이다.
통화나물목 가지과의 구황식물이기 전
삶거나 굽거나 기름에 튀겨지는, 그러므로
뜨거운 감자다.

뿌리도 열매도 아닌 것, 그저 곁가지의 변종일 뿐인 나는
선천성 햇빛 알레르기를 타고나
두엄 내 나는 바닥을 가렵게 품는다.
구렁이의 알과 한통속 같아서
내 고장 잉카에선 땅의 알이라 불리기도 했으나

당신이 먹고 있는 그 속에 구렁이는 없다.
원래 혀끝을 쏘는 듯한 맛이
뱉어내지도 삼킬 수도 없는 뜨거운 맛으로 바뀌었을 뿐

내가 꽃을 피우는 것은 독을 가졌다는 증거
당신이 일용할 만큼의 독만을 남긴 채

애꿎은 기생나비들이나 꼬여 먹이다가
나머지는 스스로 시들어가는 일에 쓴다.

나는 한해살이풀,
나의 독은 씨눈을 틔우지만
독 때문에 스스로 썩어버리기도 한다.

매순간마다 바보 혹은 멍청이가 생긴다*

나의 피는 O형, 낙천적이나 덤벙대는 구석이 있어야 한다. 비상한 기억력을 가져야 하고 거짓말도 곧잘 해야만 한다. 웃음 뒤에 어두운 그림자를 드리울 만큼 때때로 극적이어야 하는 나는, 혈액형이 모두 같은 어떤 인디언 부족의 기질과 생이 실제 각기 다르다는 얘기를 모르는 척, 해야 한다.

동쪽이 길한 일진이다. 귀인을 만나고 푸른색이 몸에 좋다는데 오늘은 마침 동호회 산행(山行) 날, 동편 능선을 타면서 몇 마리 청설모를 보았다. 귀인의 화신일까, 자꾸 한눈팔다 미끄러져 발목 삐었다. 칡넝쿨에 걸렸기 망정 하마터면 벼랑을 구를 뻔했지 않았는가.

벼락을 두 번 맞는 일보다 당첨되기 어렵다는 로또를 산다. 꿈자리를 긷거나 자신만의 각별한 숫자를 산다. 막연함을 좁히는 것 같지만 결국 나올 수 있는 모든 경우(境遇)의 수 가운데 하나를 사는 것. 그러나 꿈에 본 돼지 한 마리가 당신을 부풀게 하고 도박성을 가진 당신을 경계하기도 한다.

중독은 그럴듯함으로부터 나온다. 타로를 보는 당신, 실없는 듯해도 뽑는 족족 너무 내 얘기란 말이지! 수레바퀴 카드를 뽑은 당신, 운명적인 만남이나 우연한 행운을 말하지만 돌고 도는 자연의 섭리를 뜻하기도 하지. 듣고 싶은 말을 찾아 헤매는 당신, 가장 그럴듯한 카드는 당신 안에 숨겨져 있음을 알면서도 통속하는 생의 줄거리에 갈등하는 당신

＊P. T. Barnum의 말. 바넘효과.

꽃의 영지(領地)

멀리서 보면 피어 있었고 가까이 다가서자 지고 있었다.
나비가 나풀거리는 그 중간쯤에서
나는 사실보다 픽션을 좋아하는 애인을 떠올렸다.

난 사실을 원치 않아요
난 마술을 원하죠*

내 애인은 간지러운 오럴(oral)을 즐긴다.
간지러우면 발갛게 달아오르는 애인의 봉오리에
나비처럼 입술을 비벼대면
간지럼을 참는 표정으로 피어나는 꽃들

사실보다 무엇이 사실이어야 하는지를 누설하듯,

좀약 냄새가 나는 애인의 꽃술에는
파충류의 이빨 자국 같은 게 박혀 있다.
나비가 앉았던 흔적이라 속삭이며
죽어가는 독사처럼 한 번 더 깊숙이 물어주면

>

무엇을 감추려 하는 것일까, 절정에 이르기 전
꼬리 잘린 도마뱀처럼 다녀오는 애인의 꽃밭에는
제 혀를 깨물고 죽은 꽃씨들이 너무도 많아
그러고 보면

간지럼을 참으면 말을 더듬는 버릇이 있는 나는
사실과 픽션 사이를 거느리는 애인의 영지에서
몇 번이나 죽었다 살아나는 나비이어야 하는지

얻게 되는 것은 원하는 것과 좀 다른 법이죠
차라리 달아날 곳을 찾아보지 그래요

낯선 이의 친절함 같은 봄날
재구성되는 아름다움에 홀려 지루하게 늙어가는 내게
최면을 걸고 죽은 나비의 기억을 빨아먹는

이상하다, 내 애인은 좀처럼 늙을 줄을 모른다.

---

*〈욕망이라는 이름의 전차〉에서.

봄·아편

1. 기억의 정체

방백(傍白)하듯, 꽃이 피는 무렵이다.

들이키면 휘발유 냄새 나는 바람과
주삿바늘 자국 어룽거리는 햇볕의 창백한 손목,
담장 가에 몰려 조는 햇병아리들의 잔상 몽롱한
벌써 누가 다 살아버린 것 같은 황홀한 폐허에서

리허설인지 습작인지
복화술로 피어나는 꽃들에게
해마다 똑같은 기별 익명으로 물으며
갈수록 조작되는 듯한 알리바이를 맥없이 지켜본다.

열매까지를 점지하기도 하던
그걸 달리 무어라 부를 수 있나

꽃이라 하겠지만 홍등(紅燈)이라 부를 것이다.

나비와 진딧물이 함께 기생하는 그 유곽에서
나는 몇 번이나 매독을 앓았다……
중독되는 동안 점점 쾌락의 감각이 사라져갔고

그것이 괴로움을 즐기는 유일한 방법이 되기까지

내 안에서 피고 지던 쓸쓸한 소모품들
여전히 붉은 금단을 앓으며
망각은 추방과 같다, 우기는 내 몸을 숙주로
말더듬이처럼 피어나는 허망한 것들

2. 메멘토

당신을 찾아야만 한다.
나의 실재를 증명하기 위하여, 미안하지만
엑스트라 당신들이 필요하다.

제각각 다른 시간을 가리킨 채 멎은 시계들이 들어 있는 내 몸

어떤 시간의 태엽을 감고 추적해야 하는지
매순간 깨진 거울 속으로 끌려가
당신들의 증언으로 나를 짜 맞춰야 하는
빌어먹을 시간의 몽타주

내가 모르는 당신, 아니
너무 쉽게 잊혀졌거나 달아나버렸거나
투기와 반목으로 내 안에서 초라하게 살해당한 당신들의
그 싸늘한 기억으로부터 사이보그처럼 조립되어 나오는
나, 그리하여

가까스로 입력된 기억이란
사실의 기록인가 자기 해석의 재구성인가

당신과 나의 기억 중 어느 쪽을 믿어야 하는가

3. 하여(何如)

물과 불로 세상을 다스린 사디스트
홀연 속을 등진 그이 모두 독재자를 닮았다.
독재는 아마추어리즘의 극,

기억으로 검증하는 인생은 무효다.

무슨 소용인가
간섭하지도 외면하지도 말고 오직 내버려두시길

한 철 홀리고는
말짱 잊어버리고 마는, 그로부터

열매가 맺기 시작하였고
인간은 전쟁과 질병과 미망의 자정능력을 가지게 되었으니

지금은 중독의 한철이다.

갈치의 경우

줄줄이낚시에 끌려 오르는 갈치들, 집어등에 비치는 은백의 빛깔은 가히 환상적이라 할 만한데

족히 사지(四指)*는 됨직한 몸뚱이를 비틀어 제 몸을 칠 때가 있다.

미늘에 꿰인 고통인 듯싶지만 밑밥에 홀린 사실을 잊기 위한 채질인 것, 실은 그 순간의 빛깔이 가장 아름답다 한다.

약한 모습을 보이는 동족을 물어뜯을 만큼 가학적인 갈치가 갈치의 꼬리를 물고 끌리는 경우도 있는데

속설에 의하면 갈치 낚시의 미끼로는 그 무엇보다 갈치의 생살이 제격이라 한다.

---

* 갈치의 크기는 손가락 굵기로 따진다.

제2부

미늘 · 1

바늘을 문 채 죽어 있는 물고기를 보았네
몸을 채운 작은 고삐 하나
물고기의 일부인 것 같네

입언저리 몇 코의 상처가 퉁퉁 불어 있네
낚여 채인 순간들을 이내 잊어버리고
다시 바늘을 물어야 했던 생이
누군가의 전율을 몇 번이나 튕겨낸 것이네

벌건 녹물이 바늘에 슬어가네
녹슨다는 건 몸속의 독이 빠지는 것,
꿰인 채 잊어야 했던
따끔거림이 흘러나오고 있네

갈 볕과 쉬파리들 함께 앉아 썩어가네
바늘을 물어야 하는 기억만이 썩지 않아
수없이 낚싯대를 걸고 있는 강물을
팽팽히 당기며 저렇게늘 뛰놀고 있네

본말(本末)

겨우 허리를 받쳐 드나 싶은 게 벌써 공중을 향해 나팔을
분다.
편안한 바닥을 두고 허공을 들추는 위태로운 습벽, 나
팔꽃
마당에서 지붕 사이 휘청거림을 당겨 철사 줄 난간을 매어
주었다.
단박에 내달을 듯 치오르다 멈칫, 꽃등 하나 켜 달고 또
멈칫
허공은 저렇듯 건너는 것일까, 한 치 앞을 배배 감아서 걷
는다.

늦매미 울음에 얽히고설킨 공중들이 자지러지는 처서 무렵
매었던 줄을 거두어들이면서
매던 길과 함께 생긴 벼랑을 문득, 본다.
철사 줄에 걸린 벼랑 위에서
아뜩 눈 감을 때마다 터지던 게 꽃이었다니

필 때와 질 때의 색깔이 다른 나팔꽃

어느 것이 길이었을까

고질적 생태

고추나방은 고추 꽃 속에 알을 낳는다.
꽃술에 맺히는 작은 고추 속으로 스며들어 자연부화 한다.
풋풋한 속살을 파먹으며 자라는 애벌레는
매운맛이 들 무렵 고추를 뚫고 나와 날개를 단다.

안으로부터 뚫린 구멍은 치밀하고 깊다.
뚫리기 전엔 전혀 알아차릴 수 없는 그것이
멀쩡한 고추 속에
징그러운 벌레가 들어 있음을 생각하게 만든다.

꽃 속에 알을 슬어 종을 보전해나가는 나방의
천외(天外)한 생태는
농약을 쳐도 매번 허탕,
외부에 붙어 기생하는 것들과는 본성이 달라
구멍이 보일 때면 이미 글렀다.

날개를 달 때까지 모습을 드러내지 않는 것들의
잔망스러움에 이골 난 농투성이들

고추 꽃 필 무렵
미리 애벌레 몇 마리 가슴에 들여 내성을 기른다.

무엇이 슬어놓은 알인지
내 안에서 이따금 꿈틀대는 벌레에 대해서도
그것밖에는, 딱히 물어볼 정체가 없다.

고수(高手)

바늘이 쏟아진다. 한낮
울음을 절대 비급으로 쓰는 고수가 느릅나무 위에 출사했다.

해바라기는 벌집이다.
벌겋게 달아오르는 장독들
혀를 빼문 채 미미*는 시들고
바늘을 삼키며 만상이 제 그림자에 따갑게 꿰일 때

오직, 나무 아래 이명 같은 것이 고물고물 쌓이고 있다.
올려다보면 촘촘한 바늘구멍들
소리에 뚫린, 소리를 통과시켜버린
느릅나무 잎맥들이 바늘귀에 꿰여
투망(投網)처럼 바닥에 내리는 것

그늘이라 부른다.

오랜 유폐의 시간, 그는
뿌리를 물고 느릅나무 그늘을 빨았다.

그늘을 울음으로 바꾸는 일
그 울음통을 지고 올라 다시 그늘로 떨어뜨리는 일
울음과 울음 사이 놓는
짧고 뜨거운 적요가 그의 행적일 터

고추잠자리들 잠시 공중에서 멎는다.
저 수평은 날개가 극에 이른 것,
겨우 제 몸통 하나 들어 올리는 파닥거림으로
칠월 마당이 다 어지럽다.
우는 일과 나는 것은 그 세습(世習)이 닮았으나

그늘과 그림자는 분명 다르다.

---

*강아지 이름.

반역(叛逆)

꽃 때문에

도화선처럼 달려 나가던 수박 넝쿨이 주저앉는다. 달리지 못하는 먼 곳까지 달아나고 싶던 제 몸을 말아 쥐고 스스로를 설득한다. 꼿꼿이 허리를 받치고 싶은 열망을 버리고 달리는 자세에서 헤매는 형상으로 바뀐다. 결국

자신에게 홀린다.

덩이만 매달리지 않았더라면,

땡볕 아래 하염없이 뿌리를 맴돌진 않았다. 밟으면 꿈틀하는 몸짓으로 박박 기지는 않았을 것이다. 잎사귀를 뜯는 벌레들을 성가셔 하지 않았을 것이다.

목마름을 참다가 누렇게 말라 죽어버렸을 것이다.

실제보다 크게 부푸는 덩이,

공중에 매달린 과일들을 올려다보고 싶어질 때, 저도 모르게 불끈 주먹이 쥐어질 때 수인들 발목을 채우던 쇳덩이처럼 부풀어 오르는 덩이. 과대망상에 빠진 듯한 그 안으로부터 썩음이 온다. 정체성을 잃는 유일한 방법은 썩는 것

그럴수록 두껍고 단단해지는 껍데기에 넝쿨 문양이 새겨지는 것들의

씨는 맨 나중에 안쳐진다.
바닥을 기어야 하는 내력을 받아들이는 그때부터
그 속이 붉어지며
그 씨들로부터 달큼함이 나오는 것인데

투 투, 씨를 뱉어내며 씨 없는 수박을 꿈꾸는 당신

직선으로 만들어진 곡선
— 들쥐의 학습법

1.
뒷다리 사이 새끼들을 달고 들쥐가 달린다.
요리조리 몸을 틀어 촘촘한 밀밭 새를 헤집고 간다.
갓 난 새끼들을 떨구지 않고 달리는 방법,
방향을 휠 때 생기는 원심력이
튕겨질 듯한 새끼들에게 어미젖을 꽉 물게 한다.

2.
숨는 것보다 달아남을 택하게 하는,
들쥐의 본성 중 가장 원시적인 형태의 것
밀밭이 다 베어지기도 전에
스스로를 노출시키는 그것의 정체는
불안이다.
매 순간 천적들의 생각을 들러 오는 그것이
은밀히 드나들던 통로를 망각하게 하고
필사적으로 들쥐를 몰지만
그것 때문에 들쥐는 살아남았다.

3.

젖을 물리고 달리는 동안 어미는
새끼들에게 불안을 수유하다가
그것이 극에 이르기 직전
매몰차게 새끼들을 털어낸다.
뒷다리에 매달린 곡선이 풀리는 그 순간
뜨이는 새끼들의 눈 속으로 사라지는 어미의 모습이
용케 살아남아 다시 어미가 되는
들쥐의 모성(母性) 속에서 익숙하게 뛰쳐나와
감쪽같이 직선으로 바꾸어놓는다.

모텔 〈오작교〉

까마귀 문양이 걸려 있는 그곳의 통로는
구름 속에 있다.

참을 수 없을 만큼 심심한 하품구름
부글거리는 거품구름
추억이라는 뭉게구름,
구름으로 감춘 굴뚝들을 통해
권태와 불화, 욕망을 닮은 외로움을 뿜어대는
삶은 은폐된 구름공장

그곳에 가면
몽롱한 자기 소통의 신호가 잡힌다.
모스처럼 몸을 두드려
암호화되어 내장된 것들을
끈적끈적 흘러나오게 할 수 있다.

나른한 권태를 꼿꼿이 세울 수 있다.
중독된 일상의 구멍에

그럴듯한 픽션을 끼워 넣을 수 있다.
외로움의 정체를 드러낸 채
추억은 뒹굴기 얼마나 가볍고 푹신한가.

흐트러진 침대 같은 하오
한바탕 소나기가 질러간다.
천천히 지워지는 구름 속에서
까마귀 울음이 들린다.

파리 살해범

단번에 내리쳐라
납작한 알리바이가 필요하다.

약물에 절고
끈끈이에 빨려드는 모습은
하찮은 세속

두려운 건 멀쩡히 사로잡히는 일이다.

날개를 뜯고 사지를 뗀 후
던져지는 바닥을 몸통만으로 비트는 일,
그보다
다리 하나쯤 떼거나
겨우 날 수 있을 만큼 날개를 찢어 풀어주기도 하는

사로잡힌다는 건 두 번 죽는 일

죽은 몸으로 다시 먹이에 집착해야 하는

파리 목숨에 대한 최소한의 예우는
단번에 내리치는 것

나는 납작하게 죽을 권리가 있다.

주꾸미 통신

소라딱지 같은 것을 줄줄이 매달아 바닥에 내리면
집 없는 주꾸미들이 기어든다.

무언가 살았던 곳
살아 있다는 것의 두려움이 빠져나간
껍데기라 불리는 그 속

무겁고 갑갑할 듯싶은 소라의 흔적이
집도 절도 없는 주꾸미를 경계하지만
맨살에 닿는 깔깔함이
아늑함으로 바뀔 때

등짐처럼 지고 다니던 이 껍데기로부터
소라라는 고운 이름이 나왔을 터,
물렁한 몸을 좀 더 꼭 끼우려고
나선으로 말아 올렸을 소라의 생각에 잠기다가

한세상 드난사는 것들

딱지 대신 먹물 통 같은 것을 달고 사는 것이
소라의 가면을 쓰고 사로잡히는
맛

주꾸미 한철이다.
산 채로 주꾸미를 삼킨다.

퇴물 장대높이뛰기 선수처럼 중얼거리다

신기록이라고?
천만에,
한계에 도전해볼 만큼 무모하지 않다.
순위 따위는 안중에도 없다, 나는

수없이 걸리곤 하는 그 위를 뛸 뿐이다.

장대높이뛰기의 본질은
무의식 천공을 솟구치던
혼자만의 자유로운 놀이

그쯤, 그쯤 바를 걸기 시작한 건
스스로의 한계를 알게 된 후부터였을 것이다.
바를 떨어뜨릴수록 더 강렬해지는 열망 때문에
높이를 미리 설정하는
고독한 경기가 되었을 것이다.

3차 시기 끝에

간신히 뛰어넘은 그 높이가
아뜩한 벼랑으로 변할 수 있음을 알았더라면
애당초
허공으로 솟구치지는 않았을 것을

이카로스의 날개를 왜 달았던가

미늘 · 2

내가 삼킨 건 바늘이 아니다.

내가 삼킨 건 한 줌의 미끼, 나는 늘 배가 고파
줄이 달린 미망을 물었다.
내가 삼킨 건 전율, 고통 속에 들어 있는
비명 같은 희열에 꿰였다.
내가 삼킨 건 물 위에 뜬 찌, 삼킬 때마다
쑤욱 빨려들어 안이 되는 겉

내가 삼킨 건 모두 첫사랑, 모든 사랑이
그 자리를 꿰었다 나를 놓쳤다. 필경
나를 삼킨 건……, 새빨간 나

나는 걸려드는 법을 알고
버팅기는 법을 알고 있고
빠지는 법도 잘 알고 있다. 나는
그게 슬프다.
한참 후에나 오는 따끔거림이

다시 바늘을 물게 하였지만

이제 나는, 처음처럼 혹은
마지막인 것처럼
물속 같은 세상에서
한 여자 곁에서 바늘을 삼킨다.

줄이 없다.

가엾은 나르시스 같으니

물에 비친 제 모습을 본 자는 이미 죽은 사람이다.

떨어지는 나뭇잎을 스스스 떠올라 받는 물속 그림자처럼
환상과 실재가 마주쳤을 때
원했던 것이 그것이 아니라
그것에 대한 환상이었음을 깨달았을 때

환상과 실재 사이의 크레바스를 딛고
누구나 한 번은 죽어본 적 있다.

원하던 것을 얻은 충족감보다
얻고 나면 더 이상 그것을 원치 않게 되는 욕망의 부재 속에
충족만으로 얻을 수 없는 그 무엇이 어른거릴 때

환상과 실재가 겹치는
자기 연민의 표면장력 위에 잠시 떠본 적 있다.

다리 끝으로 미세한 소용돌이를 일으켜야 한다는 사실보다

물을 딛고 노는 그림만으로 소금쟁이가 아름다울 수 있듯
삶은 환상의 연속이어야 하고
환상은 실재를 띠지 않아야 한다.

물에 비치는 것들은 이미 형체를 가진 것, 그러나
욕망을 닮은 환상은
때로 엉뚱한 실재를 조장하기도 하여
그것 때문에 얼마든지 죽을 수 있지만

물에 비쳐지지 않는 것들로
미안하지만, 나는 살아갈 수 있다.

픽션 브리프(Fiction brief)
— 태양, 나무, 자화상

1.
어제는 한 개의 태양이 떴다. 하나뿐인 모든 것들,
하나의 태양이 세상을 썩혔다.

패거리들끼리 한 마리 생선을 정신없이 뜯어먹는
오늘의 태양들, 전갈 문신이 있다.

2.
구름들이 태양의 엽맥을 타고 번지는 봄날

오후, 나무들의 발작 시간
두더지처럼 뿌리를 들썩이며
닥치는 대로 집어던질 기세인 나무들을
까마귀의 눈을 빌어 내려다보는 병동

유리창을 긁어대다 손톱이 빠진 백치가 있고
말더듬이는 간신히 휘파람 소리를 꺼내려는 중이고
한물갔음을 모르고 같은 말만 되풀이하는 내가

쉴 새 없이 입술을 달싹이고 있다.

여기는 기운 센 나무들의 왕국

나무들의 바벨(Babel), 수천 장의 잎사귀를 달고
날마다 별난 소리를 원하는 나무들의 귀에
가장 듣고 싶어 하는 소리를 걸어줘야 한다.
나무들의 속성과 취향, 실은
어떤 소리든 한가지로 밖에 듣지 못하는 귀를 달고 있다.

소리가 필요하다. 녹음기를 틀듯
나를 두드리고 켜고 불어볼 저들을 위한,
일회용 소리를 주사기에 채워 팔뚝에 꽂는다.
하품이 나온다.
모르핀 하나를 더 꽂자 가렵다.
긁으면 그 옆이 가렵고, 또 그 옆이 가려워지며
온몸에 돋는 두드러기의 점자(點字)

이것은 새로운 소리가 아니다.
패밀리(Family)즘의 문신일 뿐인데
오감(烏瞰), 오독, 오해하는
생은 즐겁다, 발작하는 저 푸른 광기들

3.
사랑하는 테오

내 그림이 팔렸다는 기별 놀랍구나
망상과 환청을 즐기는 이들이 생겼다니

그러나 더는 태양과 나무들을 그리지 않으리라.
한쪽 귀를 잘라낸 후 지독한 착란은 멎었으나
거울 속에 들어앉는 버릇이 생겼다.

엊그제 그린 그림을 보낸다.
나를 닮은 이 초상은
가끔 까마귀 울음 같은 걸 중얼거리는 거울 속의 사내……,

실은
  잘라낸 한쪽 귀를 그린 것

  그림 속에 잘려나간 소리가 들어 있음을
  테오, 너는 알겠는지

날아라 가오리

외줄을 붙들고 파닥거리는 것들은 끊어지기 직전의 힘으로 허공과 바닥 사이를 견딘다.

삶이, 사랑이, 선천적 노예근성을 가진 것들은 팽팽할수록 강렬한 매여 있음의 전율을 느낀다.

치오르던 종이 가오리가 홀연 공중제비를 돌 때가 있다. 외줄에 매인 것들은 그런 방식으로 어찔어찔 중심을 잡아나간다.

항상 그쯤 떠 파닥거리도록 줄을 풀고 당기는 가혹한 놀이,
아직도 바람 타는 언덕에서 연을 날리고 있는 아이는

끊겨나가기 직전의 줄이 가장 팽팽하다, 는 것을 모르는지

제3부

오리 발바닥 요리에 관한 일고(一考)

철판 위에 오리를 올려놓고 불을 지핀다.
물론 오리는 살아 있다
오리 알에서 곧 오리를 꺼낼 수 없듯, 살아 있다는 것은
산 채로 별난 요리가 될 오리를 말하지 않는다.
미운 오리 새끼가 되고
때론 무수정의 알을 낳기도 해야 하던 오리,
공중 대신 바닥을 선택한 생을 회의하거나
진화인지 퇴화인지, 점점
몸통 속으로 움츠러드는 죽지를 의식하지도 못하는 오리.
거추장스런 날개 때문에 뒤뚱거릴지 모르는
오리의 비의는 안중에도 없이
그 뒤뚱거리는 걸음을 맛보기 위해
요상한 낯빛으로 기다리는 사람들을 멀뚱히 쳐다보다가
먹이에 길들여진 날개처럼
서서히 달구어지는 철판의 뜨거움을 전혀 느끼지 못하는
그것을 울음 대신 던져주는
이미 죽은 오리

바람 조율사

우선, 바람이 불어오는 쪽으로 웅크려
풀이 휘는 반대편의 장력을 익힌다.
중심에서 멀수록 팽팽히 당겨지는 뿌리의 힘을
꽁무니로 빨아들여 체액과 섞는다.
몸통이 부풀고 섬모가 돋는 발에
무엇인가 끈끈하게 만져질 때

한번 디뎌본다. 잎사귀가 휘저은 허공
주르르 내리는 것 같지만
수없이 겹쳐 있는 바람의 나선들에 휘감기는
그곳의 벼랑에서 집 짓는 법을 떠올린다.

집은 현장이다. 배고픔과 포획
공것 같은 기다림을 한데 걸어둬야 하는 그곳은
가끔 저조차 헛짚을 만큼 휘청거려야 하므로
바람보다 질기고 유연한
풀잎과 풀잎, 그 흔들림을 얽는다.

중심은 늘 움직여야 한다.
흔들림을 따라 이동하는 평형감각을
풀잎을 당겨가며 줄에 입힌 후
말랑한 사각 틀마다 허공을 끼워 넣으면

살짝 들춰지는 망사 사이
파닥거리는 바람의 각선

저 거미, 지금 바람을 조율하는 중이다.

먹이

나의 기다림은 실잠자리가 걸려들고 나서부터 시작된다.

줄을 치고 웅크리는 일을 함정이라 이르지 마시길,
기다림이라는 생의 누명을 쓴 채
공중에 짓는 집은 적소(謫所)와 같아
흔들리는 과녁 한가운데
거꾸로 매달려 세상을 보는 버릇이 있을 뿐
늙은 탁발승(托鉢僧)보다 적막한 족속인 나는
저대로 날아다니는 것들에게 관심이 없다.
막연함은 기다림이 아닐 것이므로

실잠자리가 걸려들 때, 정확히
실잠자리의 겹눈들이 몽롱해지기 시작할 때
나의 몸통은 서서히 부풀어 오른다. 실잠자리의 생김새나 때
깔
날개에 붙어 파닥거리는 공중은 안중에도 없고, 가령
길을 헛짚었다는 투로 자학하는 실잠자리의
그 헛짚은 길이 배고픔처럼 찾아들 때, 그러나

몸부림치는 것들은 아직 먹이가 아니므로

나는 거미줄로 실잠자리의 고통만을 빨아들인다.
곱고 섬세한 날개의 무늬 속에서
가볍게 털던 허공이
줄을 흔들며 내 몸통에 빨려든다. 흔들어댈수록
본능만 남기고 유탈해버리는 실잠자리 미망들

나는 좀 더 기다린다.
파닥거림 끝에 오는 실잠자리의 전율
날아다닐 땐 느낄 수 없었던 그 미세한 떨림을 맛보기 위해,
그러고 나서 오는 배고픔은 무의식의 감각일 뿐, 나는
아무런 맛도 느끼지 못하는 채
기다림이라는 이미 죽은 몸부림을 먹기 시작한다.

짝밥낚시

생각과 기억, 밤낚시에 다는 내 두 가지 미끼

생각은 집어(集魚)용, 냄새가 예민하다.
얕은 수심에 떼거리 져 사는 잔챙이들 코를 꿰어
잠깐 파닥거리게 한 다음 일부러 놓쳐주는 데 쓴다.
놓친 생각을 물고 다시 달려드는 겁 없는 잔챙이들은
입질을 줄 만한 기억이 없어
외봉낚시처럼 오로지 생각에만 몰려든다. 그러는 잠시

어두워진 수면 위로 발강이들이 뛴다.
뛰는 놈들은 미끼를 물지 않는 법,
저 심심하고 건방진 것들은
뛰는 소리만으로 잔챙이들을 몰아내고
밤 깊도록 빈손질만 들어 올리게 한다. 그러나
어둠 속을 유영하는 것들은 배후가 있는 법

물안개가 피어오를 때쯤 미세한 신호가 온다.
파르르 떠는 케미라이트 빛은 분명 기억으로부터 오는 것

이때 공연히 몇 번 헛손질을 해주는 일
잔챙이들을 골릴 때처럼 짝밥을 달아 던지는 일이 중요하다.
기억을 입질하는 것들은
확신이 미혹으로 바뀌는 순간 미끼를 물므로,
팽팽한 전율만을 즐기다가
모습을 드러내기 전에 놓쳐주어야 한다.

기억을 무는 것들은
입언저리 또 다른 바늘자국을 가지고 있다.

꼬리의 진화

모모와 미미, 내게 묶인 두 마리 얼치기

공연히 마주보며 짖는다. 제가 묶인 줄도 모르고 묶여 있는 서로를
짖어대는 것인가. 묶인 것들은 함께 있어도 외로울 때가 있는가.
가까이 있는 외로움이란
발정 난 제 몸을 미친 듯 핥는 모습보다 절절할지 모를 일

줄을 풀었다.

개처럼 날뛰는 두 마리 개가 보인다.
긁어대고 으르렁거리고 뒹구는 몸짓 외
묶이지 않는 외로움은 없을까
쉽게 풀어지는 저 작태가 외로움일까

며칠간 밖을 싸돌던 퀭한 눈구석이 꼬리를 앞세우고 돌아와
밥그릇 옆에 웅크리는 모습이 외로움일까

먹이를 잘 찾는 놈이 우두머리가 되는 늑대의 족속에서 밀려
인간에 귀화할 무렵 흔들기 시작했을 꼬리,
먹이 찾는 법을 잊고 묶인 사실만 기억하게 된

꼬리는 저 자신을 향한 사디즘*

고리처럼 말아 올린 꼬리로부터
외로움을 제외한 모든 감각이 나온다.
꼬리를 떼면 몸통도 사라진다.

흔드는 모양과 횟수로 감정을 통제하는 기교에 이른
저 개 같은 본능을 향해
나도 가끔씩 짖는다. 꼬리뼈가 시큰거릴 때가 있다.

---

* 프로이트(Sigmund Freud).

오래된 습속(習俗)

멀어져가는 무리를 바라보는 누의 눈에
흙바람이 인다.

달림을 멈춘다는 건 두려움이 사라지는 것
무리에서 떨어지는 순간 덮치던 극한 공포가
거친 숨을 다 몰아내고 난 뒤
누는 자신을 쫓던 것들을 슬며시 돌아다본다.

두려움이 빠져나간 누는 이미 죽은 누
거기까지가 누의 생이다. 타박타박
달려온 쪽을 향해 돌아서는 몸에 남아 있는 건
하이에나들의 배고픔과
쓸모없는 뿔처럼 늙은 기억들

먼저 등을 물어뜯는 건 기억이다.
한가롭던 초원과 무리 져 건너던 강물이
악어의 턱보다 세게 다리를 물고 늘어진다.
수천 마일 달려온 길목마다

진드기처럼 들러붙는 통증을 끊어줄
단 일격을 기다리지만

하이에나는 배고픔을 참을 줄 아는 짐승,
제 울음소리에 흠칫 놀라기도 하는 누가
눈에 든 석양을 그림자에 얹혀 내릴 때까지 기다려
필사적이지도 두려워하지도 않는 누

그 나머지를 뜯는다.

도박의 유형(類型)

세 마리 투계(鬪鷄)를 한 우리에 넣고 내기를 건다면
힘센 놈(1), 날렵한 놈(2), 그중 가장 약해보이는 놈(3) 가운데
어디에 베팅할 것인가

맛장에 길들여진 자들의 1
2는 좀 놀아 본 사람
확률과 경험에 의한 선택은 자기중심으로부터 비롯되는 것

3을 택한다는 건 어리석거나 요행을 바라는 일일 것이나
제각각 2 대 1이 되어 싸워야 하는 난장에서
1의 맹목적성과 갈등하는 2에게서는 맛볼 수 없는
극적 반전은 3 속에 숨어 있다.

1과 3의 연대는 연횡(連橫)
2와 3의 동맹을 합종(合從)이라 하는데
연약한 3에 의해 1과 2의 승부가 갈린다.
처음부터 두 마리 뿐의 싸움이었던 것

둘 중 누가 살아남아도 3은 두렵다.
히든카드보다 펼쳐진 패가 더 두려울 때가 있듯
살아남은 놈보다 쓰러진 자로부터 오는 공포
마치 1과 2의 공격을 동시에 받는 듯한 그것에 3은 진다.

어쩌다 한 번 이기는 경우 기적적이라 말하지만
기적이란 미리 전제한 불가능의 반전에 지나지 않는 것,
3이 이기기를 바라는 간절함뿐인
그 순간의 연속이 곧 삶이다.

영역(領域)

줄이 풀리자 득달같이 문간으로 달려간 그는
찔끔찔끔 오줌을 지려댄다.
오랫동안 응시했던 곳, 마당 구석이나 뒤울안
자주 귀를 부스럭거리게 하던 곳을 발톱으로 긁어가며
가장 원초적인 저의 냄새를 묻힌다.

눈길이 닿지 않는 곳
먼 소리가 오는 곳까지 미치는 줄 알았다.
감각할 수 있는 모든 것들이 성가시게 해온 줄 알았으나

그를 묶어놓은 것은
겨우
그의 똥오줌 냄새가 뻗히는 곳

찌그러진 밥그릇이 보이는 그 안을
쫑긋거리고 짖어댔던 것이다.
물어뜯을 듯 당기던 앙칼진 사슬은
느슨해지는 그 주변을 경계하는 거였는데

>

묶여야만 보이고 들리던 것들
줄과 함께 사라지고
꼬리가 몸통을 흔드는
하고많은 밖이 찾아들기 시작했다. 홀연
묶였던 자리 꼬리만을 남겨둔 채

그러고는, 돌아오지 않았다.

나그네쥐

한 마리가 바다로 뛰어들면
전체가 따라 빠진다는 족속이 있었다.

생(生)인가, 광기인가

벽서(壁書)처럼 눈밭을 질러간
한 무리 발자국이 있었다.
황량한 벌판 끝까지 내달려서

종족을 위해 자기를 버린다는 레밍
그 아름다운 허구가 사실이길 바라던 시절이 있었다.

따라 죽거나 떠밀리거나
혹은 천적을 만나거나
그게 그것인 들쥐의 생

허튼 우화(寓話)만 남기고
연대(年代) 속으로 사라진 족속들이 있었다.

>

무리 짓는 것들의 광기
그것이 길이라면

그 많은 들쥐들 다 어디로 갔나

등신(等神)

무자치가 개구리를 후려 감고 있다.

먹으려는 쪽이 먹히는 쪽보다 훨씬 필사적이다.

잡히는 순간 한번 용쓸 기세도 없이 눈부터 감아버리는 개구리

어릴 적엔 무턱대고 약자의 편에서 끼어들고

먹이사슬을 알게 된 후에도 여전히 약자의 슬픔을 익혔으나

꾸륵꾸륵 울음이나 삼키며 벌렁 배때기를 뒤집는 개구리

약자의 슬픔인지 자기 패배주의의 세속인지

악착같이 먹이에 집중하는 뱀보다 더 징그러워 팔매질을 하려다

남 일인 양 슬그머니 비켜서는 뒤가 공연히 켕긴다.

오명

악어는 이중인격자
먹이를 삼키는 순간 눈물을 흘린다 한다.

먹잇감에 대한 최소한의 경배이거나
탐욕스러운 것들의 위선이거나, 이를테면
만끽하는 식도락이거나

냄새와 청각에 장애가 있는 악어는
오직 배고플 때만
오관이 예민하게 열린다 한다. 그 순간엔
저보다 힘센 것들의 다리도
능히 물속으로 물어 끌 수 있다 한다.

한 끼 배부르면
맛있는 먹잇감일지라도 안중에 두지 않듯
제 아무리 굶주려도
종족을 잡아먹는 일은 없다 한다.

감정의 노동

웃는다.

백치처럼 웃는다.
살아 있는 마네킹처럼 웃는다.
배역에 충실한 배우처럼 웃는다.

해바라기처럼 뜨겁게,
오래 불어놓은 풍선처럼 말랑하게,
돼지머리처럼 짠하게 웃는다.

지나가는 소처럼 웃을 일,
지나가는 소의 웃음을 되받아 웃는다.

웃음을 연습하며 웃는다.
빈 주머니 뒤집듯
웃다가 눈물이 나도록 웃어준다.

저녁

신발들이 보이면 저녁이다. 또각또각,
혹은 질질 끌고 다니던 하루가
헐렁하게 벗겨지는 시간

헛기침이 나온다.
반듯이 놓인 구두 속에선
반질거리는 생각들이
몸을 꽉 끼우고
정장으로 불려 나올 것만 같다.

뒤섞이고 엎질러지고
뭔가 묻어 있는 것들, 저녁은
저 끈 풀린 작업화의 냄새로 온다.
분주한 젓가락 소리에
말끔히 발리는 생선 대가리 같은 표정들
빈 그릇 위에 포개지는 한때

누군가 바꿔 신고 간

오래 신어 편하던 신발 같은 하루
바뀐 줄도 몰랐을 만큼
나와 잘 맞았을 누군가의 몸으로
뒤꿈치 눌러 끌고 싶은
저녁이다.

겨우 존재하는 것들

어물전 망신 꼴뚜기가 시킨다는 말, 실은
꼴뚜기가 꾸민 얘기다.

부릅뜬 동태의 눈
눈을 한쪽으로 몰아 째리는 가자미 틈새
막돼먹은 듯한 처지를 감당해야 하는 슬픔

오징어 일족으로 치자니 주워 온 자식 같고
한치 새끼라 하면 한 치 앞도 모르고 꼴값 떠는 것 같아

장날마다 나는 것도 아닌 것이
덤으로 딸려가고
뼈대 없는 무른 살집
소금에나 절여 곰삭는 슬픔을 경배하면서

점잖은 생선들 망신시키는 일보다
기품 있게 거드는 고육(苦肉)에 이르러
어물전 한구석을 차지한 족속

제4부

배우를 연기하는 배우

고흐와 고흐 연기로 유명해진 배우와 그 배우의 생을 연기한 또 다른 배우 중 누구를 연기하고 있는 걸까

해바라기를 꼭 해바라기처럼 그렸을 때 겨우 알아본 당신 수 없이 스스로를 파괴했으나 필경 한쪽 귀를 잘라내지 못한 당신

속아 넘어가는 것이 자신인 줄 모르고 실제보다 더 실감나게 살아가는 고약한 당신

누군가를 연기하는 것보다 자기 자신이 되는 일이 훨씬 어렵다던데…… 배역 인물을 자신으로 착각하는 쓸쓸한 당신

그딴 식으로 해바라기를 그리는 당신 도대체 누구야

먹통

눈을 뜨고 죽은 시체 같았어.

새 한 마리 구름 한 점, 잔바람마저 쓸어낸
뜯어서 백지장으로 쓰기 딱 좋을 하늘, 그러나
물에 적시면 어떤 문자가 도드라지는 이상한 종이처럼
많은 생각들이 고여 있는 그 퀭한 동공

그래, 죽은 거야 생각이 많다는 건

저런 하늘에선 잎사귀를 갉는 누에의 사각거림 같은 게 들리지.
물렁한 것들
스스로를 감금하는 방법으로 날개를 다는 벌레를 떠올리면

때때로 내 몸에서 나는 파닥거림도 우화(羽化)를 꿈꾸는 것일까.

구름의 만리성을 짓고 허물고

날카로운 수리의 발톱을 공중에 박다가도 필경
종이비행기 하나 접어 띄우지 못한 채
먹통이 되어버리곤 하는 나의 상념들이란

죽은 뒤 좀 더 자라는 머리카락 같은 것

한때, 나는
천둥을 치고
온몸 가닥가닥 섬광을 긋고, 마침내
한꺼번에 쏟아져 내리는 천정 유리창 같은
폭우, 그런 방식의 폭력을 좋아했다.

울컥한 감정의 경력이 없는 침묵
그 까만 고치 속을 파닥거리는 절제된 폭력보다
뭔가 매몰시켜버리는 천둥과
북북 찢어 긋는 장막의 스카페이스

무슨 소용인가, 다시 감겨줄 수 없는 저 퀭한 동공

>

젖은 손으로 전깃줄을 잡는 듯한 순간마다
이 떼처럼 꾸역꾸역 저릿한 몸 밖으로 기어나가는 생각들이
새를 풀고 양떼구름을 몰며 돌아오고 있는 이 지루한 평온함,
눈을 뜨고 죽은 체했어.

탕아 같잖아

X-ray

늦은 밤 포장마차에 등고선처럼 그려진

비닐 밖으로 그림자를 쏘여 비를 맞고 있는

그림자와 대작하는 사람,

소주보다 독한 것에 절어가는 속없는 그림자

그림자만으로 알 것 같은 생을 가진

그림자보다 먼저 취해 비틀거리는

그림자에 부축되어 가는, 그림자를 닮지 않은 사람

버려지는 신발들은 슬프다

사람들은 왜 신발을 벗어두고 가는 걸까
그게 슬펐다, 그 어떤 유서보다
물가에 가지런히 놓인 구두 한 켤레

어느 헐거운 길이 거기까지 따라와서
맨발이 되었을까

문단속을 하는 대신
토방에 신발을 반듯이 올려놓고 집 비우던 아버지
삼우제 날 문밖에 내어 태우던
부르튼 발바닥들이 슬펐다.

그래서일까
유령들은 대부분 발을 감춘다.

신발을 신고 있다는 건
어디쯤의 고단한 이정(里程)
새 신발을 산다는 건

닳게 해야 할 바닥이 남았다는 것

신발을 잃어버리고 울먹이던 유년의 맨발에
유행 지난 멀쩡한 구두 한 벌
버리기 전 헐겁게 신겨보며

몇 켤레쯤 여벌을 가진 생을 떠올려본다.

서투른 못질

못을 박다보면
치는 힘보다 더 강하게 튕겨질 때가 있다.
하나의 못이 아닌
벽 전체가 망치질을 받아내는 것

벽이 감당해내야 하는 저릿함을
제 몸에 먼저 받아보며 못이 휜다.

몇 번이나 못을 굽게 하던
쩡쩡한 울음으로 벽은 못을 조인다.

굽은 못 반듯이 펴 박다보면
그 자리가 다시 휘며 박힐 때가 있다.

구부러져 박힌 못이 빼내기 더 힘들다.

조금, 열려 있는

겉잎에 애벌레 두어 마리 세 들여 먹이면서 속을 다물어 가는 배추통에서는 가만히 사각거리는 소리가 들린다.

자해하듯 쩡쩡 가르는 얼음장 금 새로 저수지 물고기들 숨을 튼다.

비긋이 방문을 밀어놓고 집을 비우는 촌로들

밖으로 채워진 자물쇠를 볼 때마다 나는 기어이 풀고 싶다.
단호하게 차단된 그 안은 이미 관심 밖
슬그머니 자물쇠만 따놓고 싶어진다.
지켜야 할 것에 골몰하는 이들은 이미 은밀함을 잃어버린 자,
큰 도둑은
불안만을 훔친다.

사랑이 뭐 대단한 위세라고
안으로 닫아걸고 콩닥거리는 당신 가슴 참, 대책 없다.

모래 무덤

낱낱의 알맹이들이 쓸려 쌓인 더미,

무른 틈새를 조여서
게들은 집을 짓고
틈서리를 비집어
풀들이 자라고

바스락거리는 허방 위에
누군가 무거운 발자국을 놓고 간다.

다물어지지 않는 것들,
꽉 쥘수록 손가락 새 빠지는 것들로
바닥을 다지고
제 무게조차 버거운 기둥들을 세우고

돌아다보면 절로 무너져버리는 누각 위에서
바라보던 곳
바닥도 허방도 아닌 생의 틈새마다

불우와
몇 줌의 집착과
위태롭게 묻어둔 사랑이라는 지뢰들

더 잘게 바스러져 먼지가 되는 그 위
맨발의 새들과
달랑게들 몸속에 눈 집어넣고
옆걸음질 치며 놀고 있다.

허공을 다는 저울

한밤중 놀이터 시소, 한쪽이 공중에 들려 있다.

고장 난 것인지 얹혀두고 간 누군가의 무게를 기억하고 있는지

빈 것을 들어 올린 빈 것의 눈금 쓰르라미 울음으로 읽고 있다.

아파트와 산동네 사이 공원 한구석의 절묘한 배치

무엇을 덜면 평형을 이룰까, 물동이 지게처럼 가지런해질까

두 통의 물이 서로 무게를 맞받아들며 출렁이는 걸음으로 산동네 지붕 위 달이 오른다, 그러나

한번 기울어 꿈쩍 않는 저 들림은 고장 난 것인지

작은 힘이 큰 무게를 받치기도 하는 지레의 역학인지

>

기운 쪽으로 중심을 조금 밀자 삐걱이는 소리만 허공에 들렸다 내린다.

저녁의 미행

연체동물처럼 기어 나오는 어둠이 사각사각 몽당한 하루를 갉는 시간, 따분한 일과가 느슨하게 발꿈치를 밀어 올리는 저녁

건어 냄새를 풍기며 홀쭉해지는 사람들
꼬리 잘린 도마뱀처럼 달아나는 차량들
연속으로 플래시를 터트리며
나선(螺旋)으로 길들을 말아가는 저녁은
쓰고 남은 하루치의 생각들을 블랙홀 속으로 데려간다.

어디서 보았을까 옆자리, 그 옆자리의 또 옆
판화처럼 고집이 찍힌 저 중년

중후한 명함이 있고 남(南)으로 창을 가진 집이 있고 단골집 아내와 외상으로 달아두는 아이들이 있고 해피라는 이름의 강아지를 기르는
그는 변화가 두려워진 계급

가십으로 세상을 읽을 줄 알고 이발소 그림을 좋아하고 매사 거미줄을 덧쳐보는 버릇이 있고 이제는, 걸려드는 것보다 빠져나가는 것들에 등불을 켜둔 채 잠드는 밤이 있는 그를, 저녁은

불쑥 부고를 내미는 친구를 배웅하는 기분으로
그의 옆, 그 옆자리의 또 옆
닮은 뒷모습들을 데려가는 울적한 저녁은
깡통 같은 것이라도 툭 툭 차며 걷고 싶게 하거나
한두 정거장쯤 지난 곳에 그를 내려놓기도 한다.

고고(孤高)

무리를 짓지 않는 어떤 새가

울지 않는 흰 새 한 마리가 들바람을 밀고 있다.
상하(上下)로 소용돌이치며
드센 바람벽을 넘고 있다.

날개를 최대한 수평으로 펴고
다리를 붙여 꽁지는 아래로 젖힌다.
그것은 연어가 물턱을 거슬러 오르는 동작

그 자세로 관통당하듯
중심에 바람을 맞는다. 휘청 젖혀지는 순간
힘을 쭉 빼고
파닥거리던 맨 처음 비행을 떠올리며
낙하하듯 조금씩 나아가는 것인데

바람에 휩쓸리던 검은 구름들이
새의 날개에 긁혔다, 그때마다

빗방울이 흩뿌리고
빗방울마다 새의 울음이 들렸다.

바람이 불어가는 쪽은 몇 번이나 가보았다.

패왕별곡(霸王別曲)

초가(楚歌)

나를 에워싼 저 구슬픈 노래는
유령들의 호곡

산 것도 죽은 것도 아닌 채 떠돈 객창
언월(偃月)에 베이는 강물 앞에서
죽었으면, 한이 되게 꼭 한번 죽어봤으면

할 적에 노래로 출현하는 저 유령들은
내게서 빠져나간 무수한 미망,
죽은 줄도 모르고
속절없이 버림받은 줄 모르고
빙의(憑依)처럼 다시 내 몸에 들려 하는데

저 노래 밖은 거대한 무덤
많은 것들을 거기 두었으나
오추(烏騅)의 울음 같은 공명통뿐 아무것도 없다.

별희(別姬)

내가 꿈꾸지 않아도 세상은 거기 있었지만
사랑은 내게 혁명 같은 것이었다.
모사도 고요한 전야도 없이 한순간 몰아친
무혈혁명, 어지러운 세상 한가운데
한 여자가 나를 가두었다.
안이 생겼다.
가파른 내 몸에 배 밭을 일군 그녀는
늘 배꽃처럼 아팠으나
난세(亂世)에 난세(難歲)에
내가 얻은 것 중 나의 것은 오직 그뿐
내가 없어도 세상은 거기 있을 것이지만

한 번뿐인 사랑은 옥쇄(玉碎)와 같은 것
눈먼 자여, 읽어라
등 뒤에 강물을 둔 그곳에서
나의 혁명은 백지 유서처럼 끝났다.

독조(獨釣)

빈 바늘을 물고 끌려나온 물고기를 본 후로 그는 미끼를 꿰지 않았다.

빈 것에 혹하는 생, 공것 같은 팔딱거림이

온갖 미끼를 바꿔 달면서 섭렵해온 어느 물속보다 쩌르르 팔목을 감아 당길 때

낚고 낚이는 자, 누가 더 빈 것에 절실해 하는가 생각했을 때

아무래도 난감한 건 빈 바늘을 후린 물고기였을 것이다.

배고픔과 배고픔 사이 몇 번 조우(遭遇)하는 극적인 순간들이

실없다 방생해버리는 조사(釣師)보다 붉은 물고기 눈알에서 절절할 때가 있다.

그렇다 해도 빈 것을 드리우는 일을 생이라 우기는 어리석은

조사들

실은, 방생해버린 그 물고기를 미끼로 꿴 채 저물어간다.

물꽃

봄바람에 목마른 흰나비
소 발자국에 고인 물을 빨아먹는다.

무거운 길을 끌고 간
소의 생각을 알기나 한다는 듯

소가 걸어간 쪽으로
팔랑거리다

다시 돌아와서
물에 비친 제 모습을 빨아먹는다.

해설

부조리를 향한 시니시즘과 '푸른 광기들'의 세계

이형권(문학평론가)

1.

시집을 열자마자 시인은 이렇게 말한다. "부조리는/그것을 극복하는 과정에서 필연적으로/또 다른 부조리를 낳는다./그런 삶에 관한/나는 서투른 시니시스트일 것이다."(「시인의 말」) 그는 시집의 모두에서부터 세상의 "부조리"에 대한 "서투른 시니시스트"임을 선언하고 있는 것이다. 냉소의 사전적인 의미는 대상에 대한 쌀쌀한 태도를 견지하면서 비웃는 것을 일컫는 것인데, 철학적 의미에서 냉소주의(cynicism)는 인간이 인위적으로 만든 관습이나 제도, 도덕 따위를 부정하면서 인간의 본성에 따라 살아갈 것을 주장하는 사상이다. 다른 말로 견유주의(犬儒主義)라고도 하는 냉소주의는 고대 희랍의 기이한 철학자 디오게네스가 견지했던 삶의 태도와 관계 깊다. 디오게네스가 죽음을 앞두고 알렉산더 대왕에게 "열정과 욕망의 노예였던 알렉산더 대왕과 속세의 모든 열정과 욕망을 지배한 디오게네스"라고 했던 말은 유명하다. 그는 속세의 욕망에서 자유로워짐으로써 진정으로 자유로운 자아의 명령에 따른 삶을 추구했던 것이다.

시니시즘은 부조리에 대한 실존주의자의 태도와도 관계 깊다. 부조리는 무의미하고 불합리하고 모순되는 것들로서 인간을 절망에 빠지게 하거나 한계상황으로 몰고 가는 삶의 조건을 일컫는다. 부조리를 본격적으로 문제 삼은 것은 실존주의자들인데, 그들은 전후의 폐허 속에서 이성의 힘에 의한 집단적이고 본질적인 것을 부정하면서 개체적 자유를 추구했다. 이 시집의 시편들은 시대 배경이나 자유의지와 관련해서는 차이가 있지만, 부조리한 세상에 대해 비판적으로 냉소한다는 점에서는 실존주의와 유사성을 갖는다. 다만 사회 현실의 부조리에 대한 저항과 비판의 측면을 강조한다는 점에서 태도상으로 까뮈보다는 사르트르에 가깝다. 또한 이 시집의 시니시즘은 언어적, 수사적 차원보다는 시정신의 바탕에 자리 잡고 있는 정신적, 미학적 태도와 관계 깊다. 그래서 인간 존재의 무의미성·무력감·잔악성·물질성·반생명성 등에 대한 비판의 정신을 토대로 반어적인 표현이 빈도 높게 드러난다. 따라서 김유석 시의 시니시즘은 인간 존재의 부조리와 모순을 아이러니컬하게 드러내는 태도이자 그것의 극복을 지향하기 위한 정신적 토대이다.

2.

세상의 부조리에 대한 인식은 이 시집에 두루 편재한다. 시적 비유에 의하면, 세상은 "배역 인물을 자신으로 착각하는 쓸쓸한 당신"(「배우를 연기하는 배우」)이나 "통속하는 생의 줄거리에 갈등하는 당신"(「매순간마다 바보 혹은 멍청이가 생긴다」), 혹은 "씨 없는 수박을 꿈꾸는 당신"(「반역」)의 시간 속에서 "자꾸 나를 걷어차기만"(「깡통」) 하는 곳이다. 이와 관련하여 각별히 주목할 것은 독(毒)과 관련된 시편들이다. 독은 세상에 미만하게 존재하는 모순과 부조리의 다른 이름인데, 아래의 시에는 그 구체적 형상으로 독사(毒蛇)가 등장한다. 독을 가진 뱀, 독사는 저의 생존을 위해 은밀한 생활을 하면서 타자를 공격하는 습벽을 지녔다. 뿐만 아니라 독사는 성경에 등장하는 대로 인간에게 원죄를 짓도록 유혹한 악마적 존재라는 상징적 의미를 지닌다.

레일처럼 깔고 나아간다, 그것들은
그림자를
문양처럼 몸에 두르고 다닌다.

몸통이 기다란 것들,
무언가 생략된 듯한 형체의 것들은
꼬리를 밟으면 쭈욱 벗겨질 것 같은

징그러운 비밀을 가지고 있다.

스르르 소리를 내는 것도 그림자다.
재빠르게 풀섶이 스치는 순간
당신은 이미 치명적

그림자로부터 독이 나온다, 경계하라

소리와 수족과 따뜻한 체온을 버리고
경계 모호한 몸통과 꼬리만으로 진화해온 족속들의
슬그머니 당신에게 밟히는 그것

—「패러독사〔para毒蛇〕」 전문

이 시의 독특한 제목의 의미는 '독사를 빌려(para)' 세상에 퍼져 있는 "독"을 탐구해보겠다는 것이다. "독사"는 풀숲에서 좀처럼 실체를 드러내지 않고 "수족"도 없이 비밀스럽게 살아가는 파충류 동물이다. "독사"는 또한 냉혈동물로서 은폐를 위한 알록달록한 무늬의 몸을 위장한 채, 지나가는 동물에게 갑작스럽게 치명적인 독을 뿜어 다른 생물을 잡아먹는 생리를 지녔다. "그림자를/문양처럼 몸에 두르고"서 "레일처럼 깔고 나아가"는 모습은 그러한 "독사"의 생리와 관련된다. 시인은 이러한 생리에서 존재의 부조리한 속성을 발견한다. "그림자"를 지닌다는 것은 자신의 정직한 실체보다는 거짓된 허상으로 살아가는 속성을, 땅바닥에 "깔고 나가는" 포복의 생리는 매사에 당당하지 못하게 살아가는 속성을, 각각 의미한다. 이는 "독사"가 타자를 희생자로 삼아 이용만 하려는 부정적 존재라는 것을 말해준다.

"독사"는 "징그러운 비밀"을 간직한 존재이다. 그 징그러움, "몸통이 기다란 것"은 그 안에 무언가를 음흉하게 감추고 있다는 것을 의미하고, "생략된 듯한 형체"를 지녔다는 것은 기형적인 모습으로 타자를 기망하는 존재임을 의미하기 때문이다. 그 징그러움은 또한 "스르르 소리를 내는 것"조차도 거짓 형상인 "그림자"로부터 연유된 것이고, 또 거기서 다른 생명에게는 치명적인 위해를 가하는 "독이 나오"기 때문이다. 문제는 이러한 속성을 지닌 "독사"처럼 "소리와 수족과 따뜻한 체온을 버리고/경계 모호한 몸통과 꼬리로만 진화해온 족속들"이 인간의 삶 가까이에 상시로 존재한다는 점이다. "독사"는 언제 어디서나 누구에게나 "당신에게 밟히는 그것"으로 존재한다고 하지 않는가? 이 시는 결국 "독사"를 빌려 인간 세계의 은밀하고 이기적 본능을 비판하고 있는 것이다.

다른 시에서 의하면, "징그러운 비밀"을 간직한 "독사"는 또한 자가당착의 모순을 간직한 존재이다. 세상을 '독'의 세계로 만든 "독사"는 세상을 지배하는 듯하지만, 사실은 다른 '독'에 지배당하는 모순된 존재를 표상한다.

유혈목이가 삼키던 두꺼비를 꾸역꾸역 게워내고 있다.
독으로도 삼키지 못하는 독

삼킬 때보다 더 크게 아가리를 벌리고
몸에 두른 곡선을 ㄱ자로 마디마디 꺾어가며
두꺼비의 윤곽을 조금씩 목구멍 쪽으로 밀어 올린다.

독으로 삼킨 독

잘못 삼킨 먹이를 토해내는 듯하지만, 실은
두꺼비는 독이 있다, 는 것을 알고 삼킨 것

독으로 맞서는 독

자기방어의 수단으로 달아남을 먼저 몸에 익힌 두꺼비가
기꺼이 잡아먹힘을 선택한 까닭을 배우게 된 유혈목이는
두꺼비 몸에 주입시킨 자신의 독까지 뱉어내고는
마른 꽃대처럼 빳빳해져버린다.

또 다른 독으로 스스로를 소진시키는 독

—「동사서독(東邪西毒)」 전문

이 시의 제목은 중국의 왕가위 감독이 만든 영화의 제목을 차용한 것이다. 영화 〈동사서독〉은 시간의 흐름 속에 한 줌의 재처럼 사라지는 허무한 삶을 형상화한 명작이다. 황약사와 구양봉이라는 두 인물은 각기 '동사'와 '서독'이라는 별명으로 불릴 만큼, 최고의 무예가가 되려는 세속의 욕망 때문에 인간미와 사랑마저 잃어버리고 사악하고 독하게 사는 인물들이다. 이들은 사랑이나 젊음과 같이 한번 잃어버린 소중한 것들은 시간이 흐른 뒤에는 아무리 찾으려 해도 불가능하다는 메시지를 전한다. 세속의 욕망을 위해 진정으로 소중한 것을 잃고 사는 인간의 삶은 그래서 허무한 것임을 보여주는 것이다. 이 시는 이러한 영화의 주제와 내용을 패러디한 작품으로서 지나친 욕망은 또 다른 욕망을 낳으면서 스스로 자기모순에 빠진다는 점을 강조한다.

시적 대상인 "유혈목이"는 '꽃뱀'이라고도 불린다. 아름다움(꽃)과 징그러움(뱀)을 동시에 지닌 "유혈목이"는 종종 모순으로 가득 찬 생명의 모습을 표상한다. 미당의 「화사」라는 시가 그러한 모순을 잘 드러낸 적이 있거니와 이 시는 독을 매개로 하고 있다는 점에서 그것과는 다른 버전이다. 어쨌든 "유혈목이"는 독으로 먹이를 잡아먹으며 살아가는 냉혈동물이다. 일설에 의하면 "유혈목이"는 원래 독이 없는 뱀이지만 유독(有毒) 생물인 "두꺼비"를 잡아먹은 뒤 그 독을 몸속에 저장해 두었다가 활용한다고 한다. 문제는 그 과정이 순탄치만은 않아서 "유혈목이"는 "두꺼비"를 잡아먹다가 그 독 때문에 자신의 생명마저 위기에 빠지곤 하는 것이다. "유혈목이"가 "두꺼비"를 삼켰다가 "꾸역꾸역 게워내고 있다"는 것은 "독으로도 삼키지 못하는 독" 때문인 것이다. "유혈목이"의 입장에서는 "두꺼비"를 스스로 잡아먹은 것 같지만, "두꺼비"의 입장에서는 "기꺼이 잡아먹힘을 선택"했다고 한다. "두꺼비"는 "유혈목이"에게 잡아먹힘으로써 살아서는 대적할 수 없는 강자와 동반하여 죽음에 이른 것이다. 결과적으로 "유혈목이는/두꺼비 몸에 주입시킨 자신의 독까지 뱉어내고는/마른 꽃대처럼 빳빳해져버"리고 마는 자가당착의 존재인 셈이다.

이 시에서 "유혈목이"가 독을 품고 살다가 그 독에 의해 소멸되는 모습은 의미심장하다. 그것은 마치 속악한 욕망에 복속되어 살아가다가 그 욕망에 의해 스스로 멸망하는 어리석은 인간의 모습과 다르지 않다. 다른 시에서 "나의 독은 씨눈을 틔우지만/독 때문에 스스로 썩어버리기도 한다"(「감자」 부분)는 시구도 비슷한 의미를 지닌다. 그래서 독은 파르마콘(parmacon)처럼 자기모순의 속성을 간직한다. 욕망의 독이 자신에게 약인 줄 알고 살아가지만 결국 자신에게 독이 되고 마는 모순 속에서 사는 것이 인생인 것이다. 이처럼 부조리와 모순을 표상하는 "독"의 계열체들이 다양하게 등장하는 것은 이 시집의 표제작이다.

거미는 번지점프의 원조, 집을 짓기 위한 그 위태로운 곡
예에서 놀이가 나왔다. 떨어지다 멈춰지는 지점, 아뜩함이

전율로 바뀌는 통점에 거미는 거꾸로 붙어산다.

암사마귀는 교미 도중 수컷을 잡아먹는다. 머리부터 먹는다. 머리가 없어진 수컷은 더욱 격렬하게 교미를 하며 죽어간다. 잔학성과 쾌락은 동일한 감각, 머리는 상관없다.

무리를 짓는다는 것은 어리석음의 증거이다. 개미의 생각은 앞선 개미로부터 나오고 앞선 개미의 생각은 또 그 앞에 선 개미로부터 나온다. 칠월 한낮 장례 행렬처럼 늘어서 먹이를 나르는 저들로부터 우상이 나왔고 우상으로부터 계급이 생겼고, 그때부터 개미는 졸라매기에 충분한 허리로 진화하기 시작했다.

보이는 것을 모두 헛것처럼 보이게 하고 그 헛것들 가운데 또 다른 헛것을 보여주는 환상마술을 본 적 있으신가. 카멜레온의 두 눈은 원형(圓形)으로 따로 도는데 두 눈알이 교차할 때마다 색깔이 변한다. 트릭은 몽롱한 실재

본능과 사유의 경계에 사는 해파리는 입과 항문의 구분이 없다. 입으로 먹고 항문으로 생각한다. 생각은 배설이다 항문에서, 아, 아니 입에서 나온다.

—「놀이의 방식」 전문

시의 제목인 "놀이의 방식"은 생존의 방식이라고 바꾸어 읽어도 무방하다. 물론 생존의 방식을 인간에게 투사하면 인간이 견지하는 삶의 방식이 된다. 삶을 놀이라고 명명한 이 시가 취하는 그러한 삶을 향한 태도는 냉소적, 비판적이다. 이 시는 전체적으로 호이징하가 인간의 근본적 속성으로 언급한 유희적 존재(homo ludens)에 대한 비판적 인식을 배후에 거느린다고 하겠다. 주지하듯 호이징하는 "놀이"는 삶의 일부를 이루는 요소가 아니라 삶 자체라고 본 것으로 잘 알려져 있다. 그의 이런 생각은 인간을 생각하는 존재(homo sapiens)이나 도구적 존재(homo faber)를 극복하는 관점을 제공하였지만, 한편으로는 삶이 지녀야 할 (진)지성이나 진실성과 같은 긍정적인 속성을 폄훼하는 역할을 하기도 했다. 이 시에 등장하는 "거미", "암사마귀", "개미", "카멜레온", "해파리" 등은 삶을 놀이로 간주함으로써 오히려 삶의 진정성을 상실한 존재들이다.

구체적으로 "거미"는 자신의 생존 조건인 거미줄을 허공에 치고 매달려 사는 생리 때문에 "위태로운 곡예"를 하면서 살아간다. "번지점프의 원조"라고 할 수 있을 정도로 "거꾸로 붙어"사는 비정상성에 익숙한 존재이다. "암사마귀는 교미 도중 수컷을 잡아먹는" 무시무시한 생리를 지닌 존재이다. 보들레르의 시구처럼 "잔학성과 쾌락은 동일한 감각"이라는 모순을 지니고 살아가는 존재이다. "개미" 또한 개체성을 상실하고 "생각" 없이 "우상"의 지배를 받으며 "무리"를 지어 살아가는 존재이다.

"카멜레온"은 "보이는 것을 모두 헛것처럼 보이게 하"는 재주로 살아가는 존재이다. 가벼운 "트릭"이 "실재"라고 속이는 삶은 저 스스로도 자신만의 독특한 정체성을 상실한 채 "헛것"으로 살고 있는 셈이다. 마지막으로 "해파리"도 "입과 항문의 구별이 없"는 생리적 조건으로 인하여 앞뒤 구분이 없는 모순의 삶을 살아가는 존재이다. 다양한 동물들이 지닌 이러한 비정상성·잔학성·집단성·허위성·모순성 등은 부조리한 인간의 삶을 표상한다.

이 시집에서 세상을 부조리하게 하는 것들의 목록에는 또한 현대사회에 퍼져 있는 인공물들의 작위성이나 나르시시즘, 비굴한 속성, 동족상잔의 비극성 등도 주목할 만하다. 이들은 모두 인간이 지닌 부정적인 속성과 관련되는 것으로서 이들을 대하는 시인의 태도도 비판적 시니시즘에 기반을 두고 있다. 먼저 현대문명의 인공물에 대한 시적 태도는 다음의 시에 잘 나타난다.

보지 않아도 될 것들을 너무 많이 본 탓이다.

풍경들이 갑자기
보푸라기처럼 뜯기는 것은
눈썹 밑에 펼쳐지는 것들에 이골 난 까닭,

먼 곳을 보라 한다.

자주 깜박거려도 꺼풀이 걷히지 않을 땐
그저 눈물이 약이라 한다, 그런데

선명함을 전제로 만들어졌다는
이 눈물은 가짜다.
겹쳐 보이는 것들
까끌거리고 뻑뻑한 것들을 씻어냈더니
눈앞이 깜깜하다. 아무것도 보이질 않는다.

눈을 비비는 부작용이 생겼다.

—「안구건조증」 부분

봄바람에 목마른 흰나비
소 발자국에 고인 물을 빨아먹는다.

무거운 길을 끌고 간
소의 생각을 알기나 한다는 듯

소가 걸어간 쪽으로
팔랑거리다

다시 돌아와서

물에 비친 제 모습을 빨아먹는다.

—「물꽃」 전문

앞의 시에서 "보지 않아도 될 것들을 너무 많이 본 탓"에 안구건조증이 걸렸다는 진술은 세상에는 그만큼 보아서는 안 될 것들이 많다는 사실을 반증한다. 부조리한 세상에 불경한 것들과 함께 살다가 보니 "안구건조증"이 걸렸고, 그래서 "풍경들이 갑자기/보푸라기처럼 뜯기는 것"처럼 보인다고 한다. 시의 화자는 이러한 병증을 치유하기 위해 인공 눈물을 구입하여 눈에 넣는 일을 반복하고 있는 사람이다. 문제는 인공 눈물이 시야를 확보해주기는커녕 오히려 "눈앞이 깜깜하"게 만들어버리고 말았다는 점이다. 인공 눈물은 인간의 감정이나 생리적 작용에 의해 만들어진 진짜 눈물이 아니기 때문이다. 하여 "이 눈물은 가짜다"라는 외침은 현대인들이 이러한 가짜의 현혹 속에서 살아가고 있다는 사실을 향한 비판이다. 눈물뿐이랴, 시인은 일상용품에서 인간의 신체는 물론 정신이나 감정까지도 인공적으로 조작하는 이 가짜의 시대에 대해 문제를 제기하고 있는 것이다.

뒤의 시에서 "흰나비"는 자아에 함몰되어 타자를 상실한 나르키소스와 닮았다. "흰나비"는 "소 발자국에 고인 물"에 갈증을 달래다가 "무거운 길을 끌고 간/소의 생각을" 한다. "흰나비"는 잠시 타자를 인식하여 "소가 걸어간 쪽"에 마음을 주기도 하지만, 결국 "다시 돌아와서/물에 비친 제 모습을 빨아먹는" 나르시시스트인 것이다. 나르시시즘은 자기애가 지나쳐서 편협한 인식의 틀에 갇혀버리는 존재일 터, 오늘날 이기적인 인간들은 대부분 나르시시스트의 기질을 간직하고 있다. 이것이 지나치면 자폐증이라는 심리적 장애로까지 발전할 수 있다. 따라서 이 시는 겉으로는 타자와의 소통을 강조하면서 실제로는 자기도취적인 삶, 혹은 이기적인 삶을 살아가는 문제적 인간에 대한 비판적 인식을 드러낸 것이다.

이밖에도 세상을 부조리하게 하는 것으로 비굴함이나 동족상잔의 속성 등도 냉소의 대상이다. 비굴함은 "흔드는 모양과 횟수로 감정을 통제하는 기교에 이른/저 개 같은 본능을 향해/나도 가끔씩 짖는다. 꼬리뼈가 시큰거릴 때가 있다"(「꼬리의 진화」)는 시구에 잘 드러난다. "꼬리"는 몸통도 아니고 마음도 아니다. 그것을 흔드는 일은 가식적인 행동의 일종으로서 상대방을 현혹시키기 위한 것이다. 동족상잔의 생리는 "약한 모습을 보이는 동족을 물어뜯을 만큼 가학적인 갈치가 갈치의 꼬리를 물고 끌리는 경우도 있는데//속설에 의하면 갈치 낚시의 미끼로는 그 무엇보다 갈치의 생살이 제격이라 한다"(「갈치의 경우」)는 인상적인 시구에 잘 드러난다. '갈치가 갈치 꼬리 문다'는 속담과 비슷한, "인간에게 가장 두려운 존재는 인간"이라는 말도 있다. 동족일수록 더 따뜻하고 배려를 해야 하지만 세상을 지배하는 것은 그 반대이다. 시인은 당당함과 포용력이 결여된 이러한 존재가 허다하다는 것, 그것이 세상이 부조리한 근본 원인 가운데 하나라는 점을 비판하고 있는 것이다.

3.

그렇다면 시인은 부조리한 세상을 향한 시니시즘에만 머무는가? 그렇지 않다. 그의 냉소는 부조리한 세상을 넘어서기 위한 디딤돌이기에 그 너머의 세계를 향한 열망과 내통한다. 그리고 그 열망의 중심에는 세상을 부조리하게 한 근본 원인인 근대적 이성에 대한 저항의식으로서의 광기(狂氣)가 존재한다. 푸코에 의하면 광기는 17세기 서구에서 백안시되었던 인간의 속성 가운데 하나였다. 당시 서구에서는 이성적으로 생각하지 못하는 사람들은 모두 광인으로 취급하여 무시했고 나중에는 감옥에 가두기도 했다. 그 결과 이성만능주의에 의해 당시 사회는 더욱 각박해지고 삭막해지고 말았다. 이성의 맹목성이 부과하는 문제점은 오늘날이라고 해서 크게 다르지 않다. 하여 시인은 "무리 짓는 것들의 광기/그것이 길이라면//그 많은 들쥐들 다 어디 갔나"(「나그네쥐」)에서처럼 광기가 사라진 세상을 아쉬워하면서 예술적, 창조적 능력과 관련되는 광기의 가치에 주목한다.

이것은 새로운 소리가 아니다.
패밀리(Family)즘의 문신일 뿐인데

오감(烏瞰), 오독, 오해하는
생은 즐겁다, 발작하는 저 푸른 광기들

3.

사랑하는 테오

내 그림이 팔렸다는 기별 놀랍구나
망상과 환청을 즐기는 이들이 생겼다니

그러나 더는 태양과 나무들을 그리지 않으리라.
한쪽 귀를 잘라낸 후 지독한 착란은 멎었으나
거울 속에 들어앉는 버릇이 생겼다.

엊그제 그린 그림을 보낸다.
나를 닮은 이 초상은
가끔 까마귀 울음 같은 걸 중얼거리는 거울 속의 사내……, 실은
잘라낸 한쪽 귀를 그린 것

그림 속에 잘려나간 소리가 들어 있음을
테오, 너는 알겠는지

—「픽션 브리프(Fiction brief)—태양, 나무, 자화상」 부분

이 시는 점묘 기법으로 새로운 화풍을 창조한 위대한 화가 고흐의 생애와 그림 〈자화상〉을 소재로 삼고 있다. 고흐는 이성만이 존중되는 세계의 속박으로부터 벗어나려는 부단한 노력을 통해 예술적 창조의 세계로 나아갔다. 그에게 이성만이 존중되는 세계는 인간의 삶이 도구화, 규격화되어버린 각박한 곳이었다. 그는 "오감(吳瞰), 오독, 오해하는/생은 즐겁다"는 태도로 짧은 생애를 살다간 자유인이었다. 실제로 환자로서 정신병원을 드나든 적이 있는 그의 생애에서 진정한 예술성은 이성의 통제를 벗어나는 순간에 발휘되곤 하였다. 그의 생애에 대해 "발작하는 저 푸른 광기들"이라고 부를 수 있는 것은 그런 이유이다. 그의 "광기"는 스스로의 귀를 도려내는 기행을 저지르게 하였지만, 그 기행으로 인하여 〈자화상〉이라는 위대한 그림을 탄생시키는 계기가 되었다. 고흐가 귀를 자른 일은 고갱과의 불화가 직접적 원인이라고 하나, 다른 한편으로 보면 그것은 새로운 예술 세계를 향한 치열한 열정과 관계 깊다.

고흐는 근대적 이성을 거부한 화가였다. 시에 의하면 고흐는 자신의 그림이 팔렸다는 소식에 대해 "망상과 환청을 즐기는 사람들이 생겼다"고 생각한다. 그리고 더 이상 그가 그토록 좋아했던 "태양과 나무들을 그리지 않으리라"고 다짐하면서 "거울 속에 들어앉는 버릇이 생겼다"고 한다. 이는 부단히 새로운

것을 추구하는 예술 정신의 표현이다. 이때의 "거울 속"은 자신을 성찰하는 내면의 공간일 터, 고흐는 그곳에 마음을 두고 귀를 자른 고통 속에서도 "나를 닮은 이 초상" 즉 자화상을 그려 동생 "테오"에게 보낸 것이다. 자화상은 기본적으로 자신을 성찰하는 그림일 터, 고흐는 현실 속에 안주하지 않고 "거울 속의 사내"가 되어 스스로의 삶을 되돌아본 것이다. 이 지독한 성찰은 예술가를 예술가답게 하는 가장 중요한 요소 가운데 하나이다. 성찰은 고흐가 "그림 속에 잘려나간 소리가 들어 있음"을 발견하듯이, 내면의 진실을 통해 거짓된 현실을 부정하는 일이기 때문이다. 부조리와 가난으로 얼룩진 자신의 현실을 부정하면서 새로운 세계에 도달하는 힘을 성찰적 예술 정신에서 찾았던 것이다. "푸른 광기들"이 바로 그러한 정신을 표상한다.

세상의 부조리를 극복하려는 "푸른 광기들"은 근대적 이성중심주의 사회에서 타자에 불과했다. 그것은 아무런 가치를 부여받지 못한 텅 빈 기표에 불과했다. 그러나 타자는 근대적 이성의 횡포를 제어하여 더 아름답고 풍요롭고 새로운 세상을 만들기 위한 필수 조건이다. 아래의 시에서 저녁은 타자와의 소통을 지향하는 시간이다.

신발들이 보이면 저녁이다. 또각또각,
혹은 질질 끌고 다니던 하루가

헐렁하게 벗겨지는 시간

헛기침이 나온다.
반듯이 놓인 구두 속에선
반질거리는 생각들이
몸을 꽉 끼우고
정장으로 불려 나올 것만 같다.

뒤섞이고 엎질러지고
뭔가 묻어 있는 것들, 저녁은
저 끈 풀린 작업화의 냄새로 온다.
분주한 젓가락 소리에
말끔히 발리는 생선 대가리 같은 표정들
빈 그릇 위에 포개지는 한때

누군가 바꿔 신고 간
오래 신어 편하던 신발 같은 하루
바뀐 줄도 몰랐을 만큼
나와 잘 맞았을 누군가의 몸으로
뒤꿈치 눌러 끌고 싶은
저녁이다.

—「저녁」 전문

일상을 분주히 살아가다가 집으로 돌아오는 "저녁"은 "헐렁하게 벗겨지는 시간"이다. 그 시간에 "구두"를 벗고 그것을 바라보면 그 안에 "반질거리는 생각들"로 가득하다는 느낌이 든다. "구두"를 바라보며 일상에 관한 이런저런 "생각들"을 하면서 하루를 되돌아보는 것이다. "저녁"은 또한 "끈 풀린 작업화 냄새로 온다"고 한다. 어느 노동자가 고된 노동을 끝내고 돌아와 벗어놓은 "작업화 냄새"는 그가 지내온 인생 여정을 표상한다. 그 "냄새" 속에 고단하지만 보람 있던 시간, "오래 신어 편하던 신발 같은 하루"가 온전히 배어 있는 셈이다. 이 "신발들"에 대한 애정은 "누군가 바꿔 신고 간"다고 해도 변하지 않는다. 그 "신발"은 자신의 발에 잘 맞는 "누군가"가 신고 갔을 것이라 생각하며, "나와 잘 맞았을 누군가의 몸"을 빌려서라도 어디론가 "끌고" 가고 싶은 대상이다. 이러한 "신발"을 통한 타자와의 소통은 세상의 부조리를 넘어서는 계기가 된다. 이 시는 고흐의 그림인 〈신발〉에 대한 하이데거의 언급을 연상하게 한다. 하이데거는 「예술작품의 기원」에서 "신발이라는 도구의 실팍한 무게 가운데는 거친 바람이 부는 넓게 펼쳐진 평탄한 밭고랑을 천천히 걷는 강인함이 쌓여 있고, 신발 가죽 위에는 대지의 습기와 풍요함이 깃들여 있다"라고 진술한 적이 있다. 그림 속의 낡은 "신발"을 통해 거친 자연의 시련을 견디는 "강인함"과 "대지의 습기와 풍요로움"을 연상한 것이다. 이 시의 "신발"은 그러니까 단순한 일상의 도구를 넘어서는 예술 정신 혹은 삶의 우여곡절을 비유하는 것이다.

이처럼 "푸른 광기들"과 연관되는 타자의 세계는 시적 표현에 의하면 "느리게 가는 쪽으로 진화해가는 중"(「달팽이」)이나 "지금 바람을 조율하는 중"(「바람 조율사」)에 다가온다. 타자의 느림은 주체의 빠름을 제어하면서 "바람"과 같은 시련을 "조율"하는 역할까지 담당하는 것이다. 뿐만 아니라 타자의 세계는 속악한 세상에 대한 저항의식으로서의 고고한 자존감, 자기 절제의 미덕 등을 수호하는 가운데 다가오는 것이다.

무리를 짓지 않는 어떤 새가

울지 않는 흰 새 한 마리가 들바람을 밀고 있다.
상하(上下)로 소용돌이치며
드센 바람벽을 넘고 있다.

(중략)

바람에 휩쓸리던 검은 구름들이
새의 날개에 긁혔다, 그때마다
빗방울이 흩뿌리고
빗방울마다 새의 울음이 들렸다.

바람이 불어가는 쪽은 몇 번이나 가보았다.

—「고고(孤高)」 부분

악어는 이중인격자
먹이를 삼키는 순간 눈물을 흘린다 한다.

(중략)

한 끼 배부르면
맛있는 먹잇감일지라도 안중에 두지 않듯
제 아무리 굶주려도
종족을 잡아먹는 일은 없다 한다.

—「오명」 부분

앞의 시에서 "무리를 짓지 않는 어떤 새"는 인간적 자존감의 상징이다. 세속적인 가치에 훼손되지 않는 존엄성은 세속의 "드센 바람벽을 넘"는 정신적 에너지이다. 그러나 그러한 자존감은 아무런 노력도 없이 저절로 지켜지는 것이 아니다. 자존감을 지키는 과정에서 "바람에 휩쓸리던 검은 구름들이/새의 날개에 긁히"는 일이 다반사로 일어나는 것이다. 그러한 고난을 극복해야만 "새"는 정신적 이상 세계인 "바람이 불어가는 쪽은 몇 번이나 가보았다"고 말할 수 있다. 이상 세계를 향한 열망으로 충만한 존재는 현실의 고난을 무릅쓰고도 그 세계를 지향하기 마련이다. "새"가 바로 그러한 존재이다. 이 시는 "새"를 통해 고고한 정신적 자존을 지키기 위한 성찰을 게을리하면서 집단적 무리에 편승하여 살아가는 파당적 인간을 냉소하고 있는 것이다.

뒤의 시에서 "악어"는 피도 눈물도 없는 잔악한 동물이라는 "오명"을 가진 존재이다. 그런데 그것은 "오명"(汚名)이기에 실제의 악어가 지닌 생리와 차이가 있다. 시인은 "먹이를 삼키는 순간 눈물을 흘"리는 생리에 주목하면서 "악어"가 잔악하지만은 않다는 사실을 강조한다. 뿐만 아니라 "배부르면/맛있는 먹잇감일지라도 안중에 두지 않"고, "제 아무리 굶주려도/종족을 잡아먹는 일은 없"는 절제의 미덕을 지녔다는 점에도 주목한다. 물론 이러한 시적 진술들은 포악하기만 하다는 "악어"의 "오명"을 변호하기 위한 것은 아니다. 이 시의 배후에는 "악어"보다도 잔혹한 인간을 향한 비판적 시니시즘이 숨겨져 있다. 하물며 "악어"라는 동물도 측은지심과 절제력이 있는데, 인간은 잔악성과 탐욕의 무한대를 살아가는 존재라는 사실을 문제 삼는 것이다. 이 시대, 무한경쟁 시대를 살아가는 인간의 타인을 향한 잔악한 공격과 무절제한 욕망은 다른 사람의 기본적인 생존 조건마저도 앗아가는 일이 얼마나 비일비재한가? 이런 시대상은 "악어"도 냉소할 일이다.

4.

우리는, 김유석 시인이 자신을 "서투른 시니시스트"라고 명명했던 것을 기억한다. 그러나 그의 시를 읽다 보면 그는 서투른 시니시스트가 아니라는 점을 어렵지 않게 알아차릴 수 있다. 그는 세련된 시니시스트 혹은 비판적 시니시스트라고 불리는 것이 마땅하다. 그는 부조리와 모순으로 미만한 이 세상을 냉소하면서 날카로운 비판적 언어를 구사하는 데 능수능란하다. 그의 냉소는 부조리한 세상을 향한 저항의 일종이자 그러한 세상 너머를 꿈꾸기 위한 마음의 노둣돌이다. 시인은 부조리와 모순으로 가득한 현대사회를 독(毒) 혹은 독사(毒蛇)의 세상이라고 명명하면서 냉정한 고발정신을 발휘한다. 세상에는 독을 품고 타살의 욕망으로 살아가는 독종들이 가득하다는 사실, 그들은 또한 비정상성·잔학성·집단성·허위성·모순성·작위성·나르시시즘·비굴함·동족상잔 등의 속성을 간직한다는 사실, 시인은 이러한 사실들을 접하면서 비판적 시니시스트가 된다. 그의 시니시즘은 대상을 향한 핀잔의 포즈가 아니라 대상을 극복하기 위한 공격의 형식인 것이다.

그의 시니시즘이 부조리한 세상을 극복하기 위해 도달한 것은 "푸른 광기들"로 표상되는 타자의 세계이다. 시인이 예술적 창조의 바탕인 광기나 타인과의 소통을 옹호한다거나, 고고한 자존감과 절제의 미덕이 소중하다고 노래하는 것은, 모두가 타자의 가치를 발견하여 세상의 모순과 부조리를 극복하기 위한 것이다. 요컨대 시인은 세상의 문제적 국면들에 대해 가장 민감하게 반응하고 가장 열정적으로 비판해야 할 소명감을 지닌 존재이다. 나아가 문제적 세상에 대한 미학적 처방을 통해 정치적, 현실적 변화까지도 모색해야 하는 존재이다. '시의 정치'가 요구된다는 말이다. 김유석 시인은 이러한 요구에 적극적으로 응한 우리 시대의 진정한 시니시스트로서 주목할 만한 시인이다. 이 시집을 읽는 것은 시인과 함께 세상을 시니컬하게 웃어보는 독특한 경험의 세계로 나아가는 일이다. 이 시집을 덮고 나서도 우리의 웃음은 쉽게 그칠 것 같지는 않다. 세상은 아직 부조리와 모순으로 가득하고 시인은 그러한 세상에 대해 계속 웃을 것이기 때문이다. 그러니 함께 웃자, 시니컬, 시니컬하게!

이 도서의 국립중앙도서관 출판시도서목록(CIP)은 서지정보유통지원시스템 홈페이지(http://seoji.nl.go.kr)와 국가자료공동목록시스템(http://www.nl.go.kr/kolisnet)에서 이용하실 수 있습니다. (CIP제어번호: CIP2013024728)

시인동네 시인선 005

놀이의 방식

초판 1쇄 발행 2013년 11월 29일
초판 2쇄 발행 2014년 12월 10일

지은이 김유석
펴낸이 김석봉
책임편집 이현호
디자인 조동욱
펴낸곳 문학의전당
출판등록 제311-2012-000043호
주소 서울시 은평구 연서로11길 7-5 401호
편집실 서울시 마포구 공덕2동 404 풍림VIP빌딩 413호
전화 02-852-1977
팩스 02-852-1978
블로그 http://blog.naver.com/mhjd2003
전자우편 sbpoem@naver.com

ISBN 978-89-98096-59-5 03810

* 이 책은 〈2013 전라북도 문예진흥기금〉을 받아 제작되었습니다.
* 이 시집은 〈2014 세종도서 문학나눔〉 도서에 선정되었습니다.